Blank Drawing Book

Made in the USA
Las Vegas, NV
21 August 2023

76375164R00085